MI GATO INFLUENCER

LIBSA

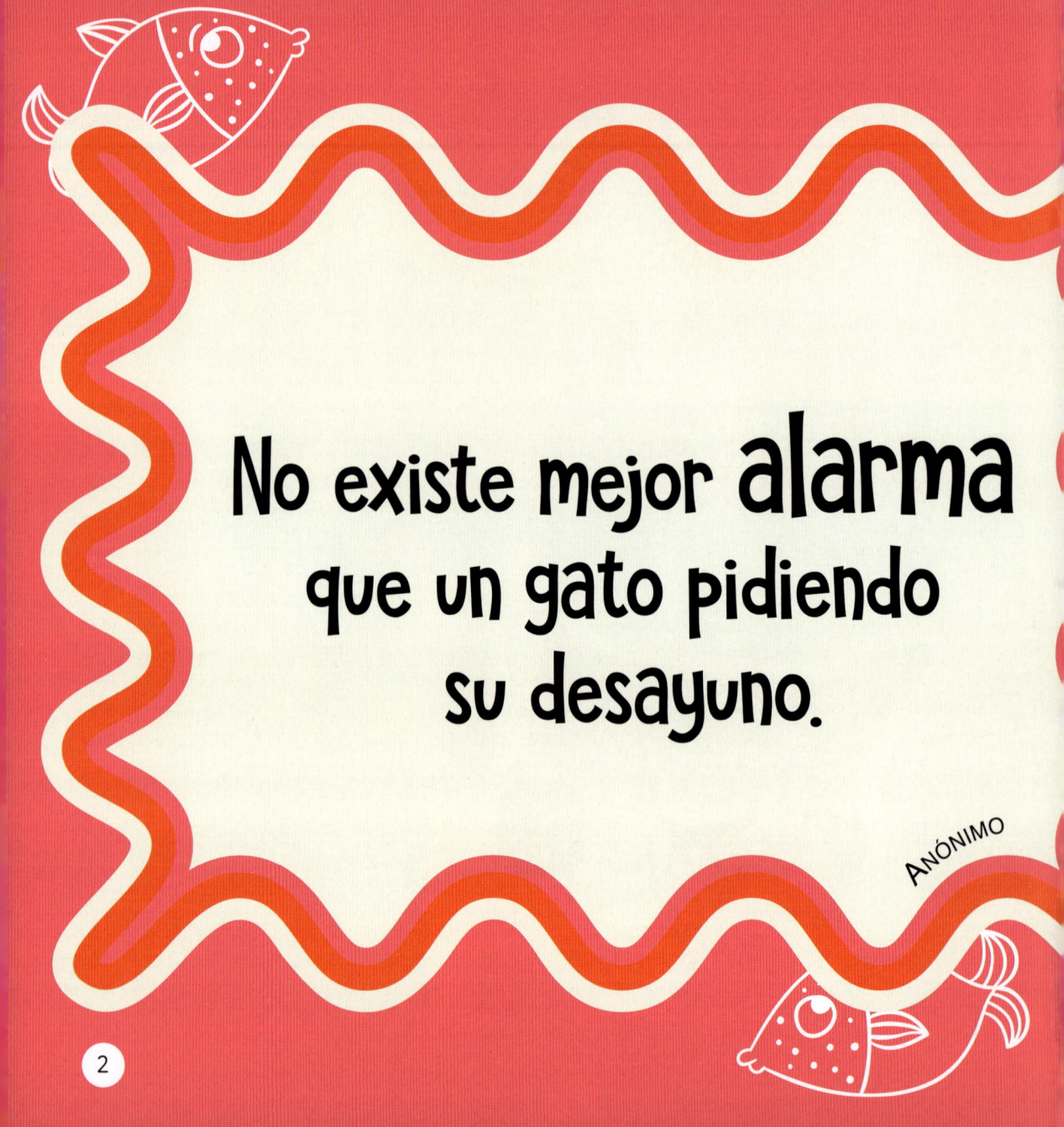

No existe mejor **alarma** que un gato pidiendo su desayuno.

ANÓNIMO

2

Aunque puede llegar a **comer hasta 20 veces** cada día, tu michi prefiere hacerlo **al amanecer o al atardecer.** Déjale el desayuno preparado o no tendrá reparos en despertarte.

3

El más pequeño felino es una **obra** maestra.

LEONARDO DA VINCI

4

Misterioso, elegante, adorable...
Llevamos siglos rendidos ante la
belleza felina, pero no te va a salir
gratis: debes **cepillarlo diariamente** o
su brillo se apagará.

LILIAN JACKSON BRAUN

Los perros tienen su día, pero los gatos tienen **365**.

Después de arañar las cortinas, tumbarse en tu cama y desenrollar todo el papel higiénico tu gato seguirá siendo **el dueño y señor** de tus redes sociales... Mientras tú riñes al perro por molestar al gato.

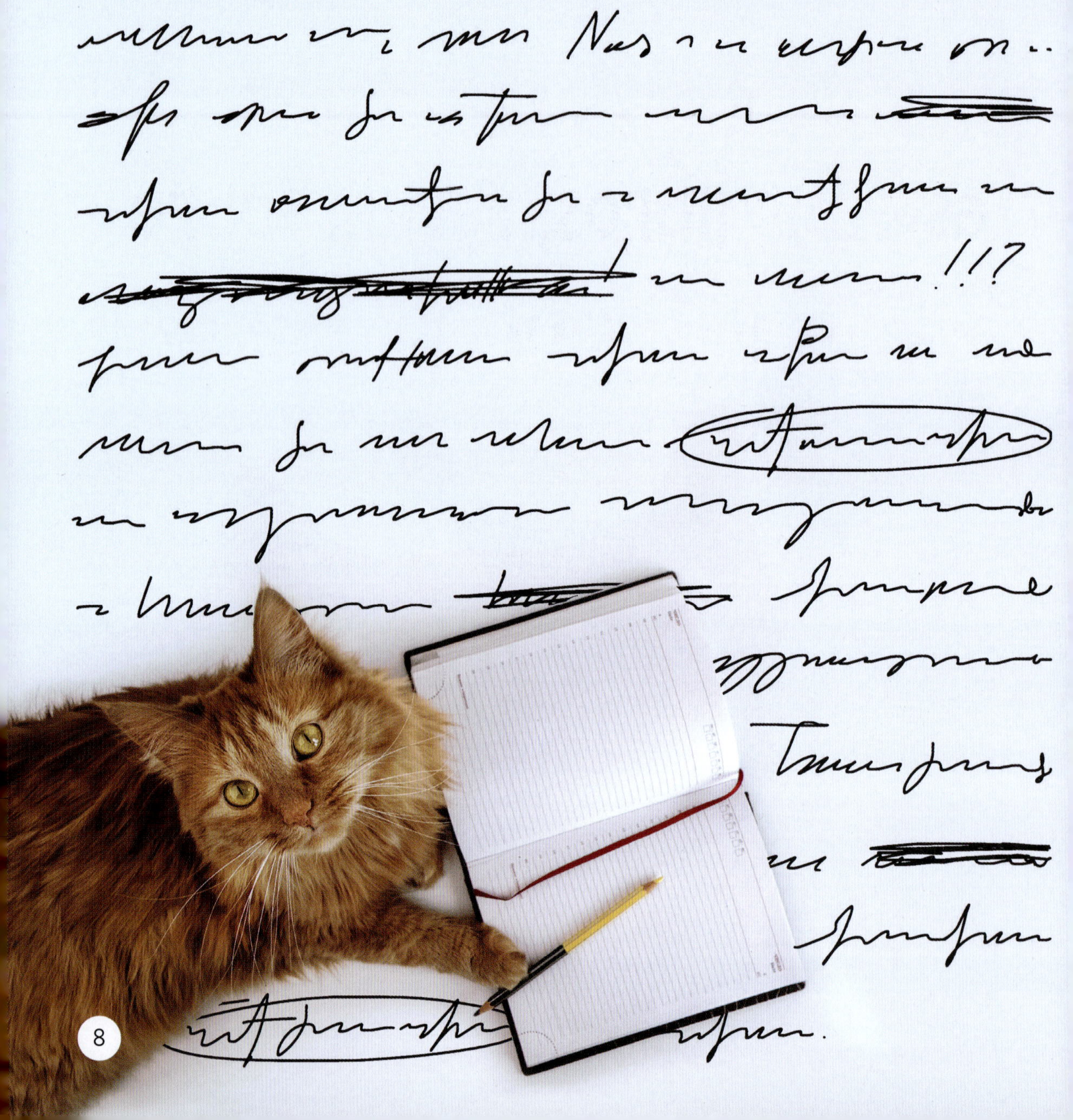

Si los gatos pudieran escribir libros, serían sobre cómo **entrenar** humanos.

Anónimo

El **ronroneo** de un gato es la música que calma las tormentas del alma.

ANÓNIMO

Sabes que no te está declarando su amor, sino **pidiéndote comida o mimos...** ¡Pero es una música irresistible que te hace feliz!

11

Eres un curioso mamífero bípedo que le da todo lo que quiere cuando y como quiere, así que, a cambio, de vez en cuando **dejará que lo acaricies.**

El gato es el único animal que ha logrado domesticar al hombre.

MARCEL MAUSS

Las personas que aman a los gatos tienen algunos de los corazones más grandes que existen.

¿Querer con toda tu alma a un animalito de **carácter difícil e independiente** que jamás obedece? La única explicación para ese fenómeno debe de ser que tú tienes un corazón de oro. Y, por supuesto, que **tu gato es perfecto.**

SUSAN EASTERLY

El gato está por encima de todas las cosas.

Margaret Benson

Literalmente. Encima de tu cama, tu sofá o del teclado del ordenador mientras intentas trabajar. Se suben a **un lugar elevado** para estar seguros y calientes... ¡y controlarlo todo!

Has de saber que **tu casa es del gato,** aunque tú pagues la hipoteca. Te despertarás a la hora que él quiera y gastarás tus ahorros en su comida *gourmet*. Basta con que te toque con su patita suavemente para que toda tu atención se centre en lo que **Su Majestad el Gato** desee.

18

El mayor logro de un gato es hacer que los **humanos** trabajen para él.

Anónimo

19

Los gatos inventaron el concepto de la zona de confort.

Susan Easterly

Un gato es un experto en **Feng Shui** y el inventor de la palabra **comodidad.** Siempre buscará un lugar calentito y blando para dormir, como, por ejemplo, el respaldo del sillón, tu cama, la caja de la pizza, tu ordenador o, directamente, tú mismo.

La curiosidad
mató al gato.

REFRÁN POPULAR

… Y, por eso, **¡cuidado con las ventanas y los balcones abiertos!** Aunque los gatos poseen un reflejo innato de enderezamiento que les ayuda a caer de pie y amortiguar la caída, no sobrevivirían a un piso muy alto.

La elegancia quiso cuerpo y vida, por eso se transformó en gato.

GUILLERMO DE AQUITANIA

Como perteneciente al grupo de los felinos, el gato se caracteriza por tener un **cuerpo muy flexible y movimientos ágiles.** Su singular forma de caminar o su aspecto de estatua egipcia cuando está quieto le convierte en el **animal más distinguido.** Un verdadero dandi.

A los gatos les gusta
que las **puertas**
estén **abiertas,**
por si cambian
de opinión.

Rosemary Nisbet

¿Quién entiende al gato? Su forma de comunicarse con nosotros es tan sutil… Apunta las pistas:

si te busca y se frota contra ti, te quiere; si tiene las orejas hacia atrás y la cola hinchada, quiere atacarte; si se curva con el lomo erizado, tiene miedo… El resto, tendrás que aprenderlo tú solo, **él te enseñará,** aunque **la paciencia no es su fuerte**.

Un gato es un rompecabezas para el cual no hay solución.

Hazel Nicholson

Un maullido masajea el corazón.

Stuart McMillan

Los cachorros **maúllan** para llamar a mamá, pero los gatos adultos no suelen utilizar el maullido para comunicarse con otros gatos (salvo durante el celo), sino **con nosotros, los humanos.** Así piden comida o caricias, te saludan o te dicen que se aburren.

A los ojos del gato, todas las cosas pertenecen a los gatos.

PROVERBIO INGLÉS

Todas las cosas… **incluido tú mismo.** Por eso te sigue a todas partes (también al cuarto de baño), porque eres de su exclusiva propiedad y, por tanto, **todo lo tuyo es suyo.** El gato sabe que está al mando y por eso marca las rutinas horarias y controla tu sofá.

Aquellos que juegan con gatos deben esperar ser arañados.

MIGUEL DE CERVANTES

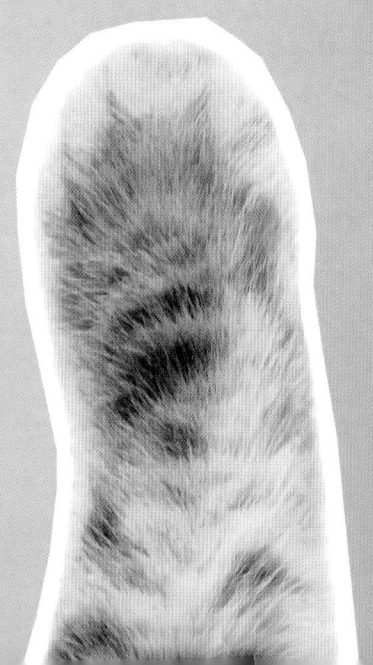
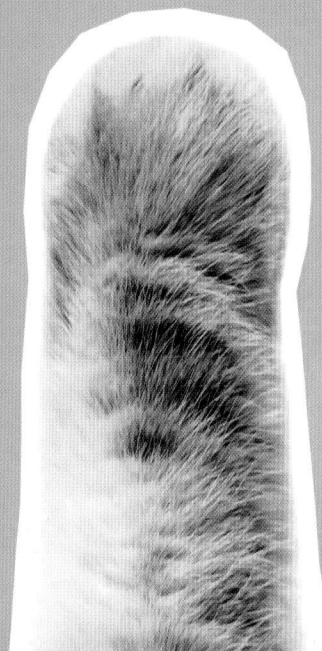

El gato te habla, solo **tienes que aprender su idioma.** Cuando se frota contra ti significa que está expresando su cariño, que quiere relacionarse contigo o que eres su familia y te está marcando con su olor.

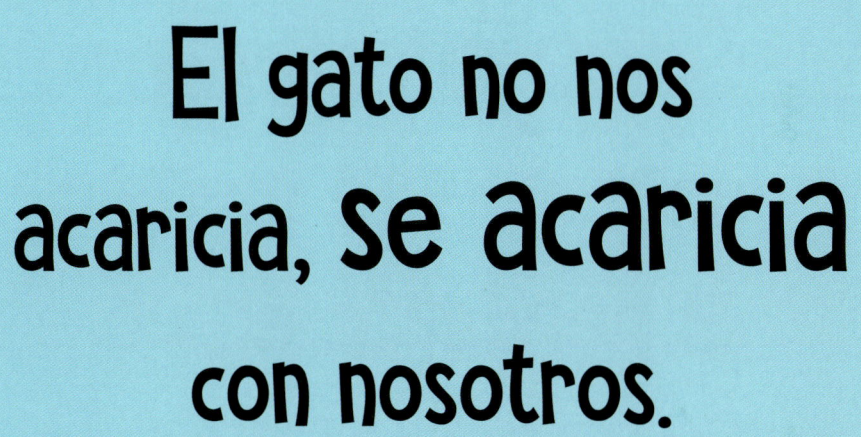

El gato no nos acaricia, se acaricia con nosotros.

ANTOINE DE RIVAROL

Sus **ojos** son dos lunas que te invitan a perderte en un universo desconocido.

EMILY DICKINSON

Un gatito es el deleite de un hogar.

Durante todo el día, una **comedia** es puesta en escena por un actor incomparable.

Jules Champfleury

$$\sqrt[n]{\frac{a}{b}} = \frac{\sqrt[n]{a}}{\sqrt[n]{b}} \qquad \sin 60° = \frac{\sqrt{3}}{2} \qquad r = \frac{ab}{a+b+c}$$

La probabilidad matemática de que un gato común haga exactamente lo que le plazca es algo absoluto.

LYNN M. OSBAND

$$x_0 = -\frac{b}{2a} \qquad \cos\left(\frac{\pi}{6}\right) = \frac{\sqrt{3}}{2}$$

El gato es un animal de naturaleza **solitaria y cazadora,** no vive en manada y por tanto su conducta es **autónoma y libre.** No te sorprendas, por tanto, de que, siguiendo siempre su instinto, haga exactamente su santa voluntad.

Un gato nunca
es distante, frío,
pasota, soberbio o
malhumorado, él
es selectivo. Las
muestras de afecto
serán cómo, cuándo
y dónde él diga.
Y **serán siempre
maravillosas**.

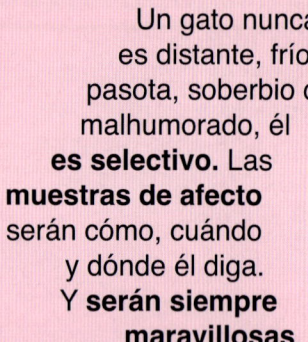

El amor de un gato no es efusivo, pero es **profundo y constante.**

 HELEN THOMPSON

Los perros tienen dueño y los gatos, personal.

KURT TUCHOLSKY

Posiblemente, los gatos han creado un sistema secreto de **dominación del ser humano** que, lo admitimos, ha funcionado muy bien. Es la única forma de explicar por qué tú limpias su arenero, compras su comida y amoldas tu agenda para llevarle al veterinario. Debes replantearte **quién es el amo en vuestra relación.**

No hay gatos corrientes.

Colette

48

No hace falta tener un peculiar gato sphynx sin pelo, todos sabemos que cualquier gato, desde el siamés o el persa hasta el que encuentres en la calle, es un **animal muy especial,** tan hermoso y salvaje como hogareño y cariñoso, al que **nunca se puede ignorar.**

El que un gato negro traiga buena o mala **suerte** depende de si uno es un **ratón** o un ser humano.

MAX O'RELL

La **superstición** infundada de que un gato negro da mala suerte nació con la caza de brujas durante la Edad Media y costó la vida a muchos michis. Preferimos quedarnos con la creencia irlandesa de que **matar a un gato equivale a 17 años de desgracias.**

Cuenta la leyenda que los gatos son **independientes…** ¡cuando ellos quieren! Cuando no, será el **protagonista** de cualquier historia y llamará la atención de todos los modos posibles.

Si los gatos pudieran escribir la historia, su historia sería principalmente sobre los gatos.

Eugen Weber

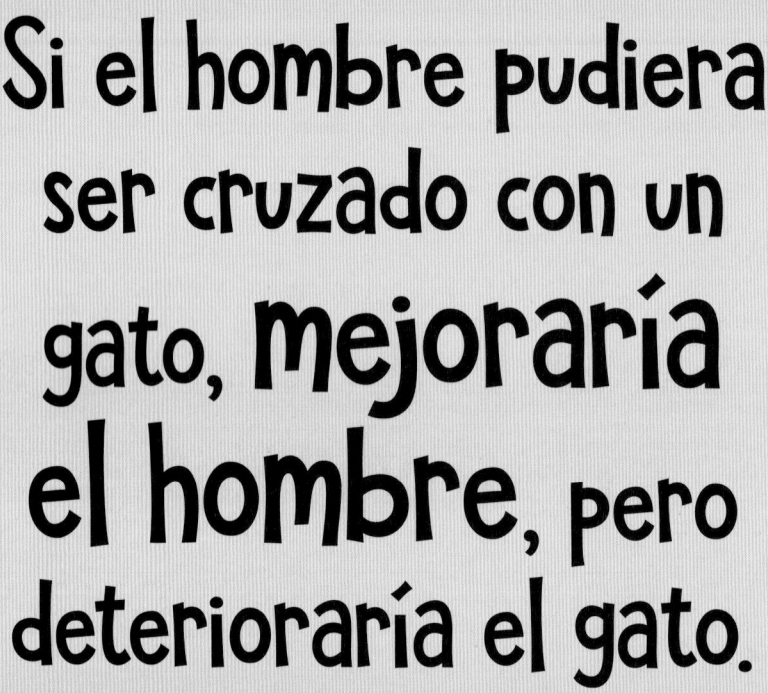

Si el hombre pudiera ser cruzado con un gato, **mejoraría el hombre**, pero deterioraría el gato.

MARK TWAIN

Los humanos ganaríamos **cualidades** como la independencia, la curiosidad, la agilidad y la exquisita limpieza personal. Los gatos… tendrían **más estrés**.

Me gustaría que mi escritura fuera **tan misteriosa** como un gato.

Edgar Allan Poe

¿Son solo **supersticiones** demoniacas? ¿Seguro? Los gatos pueden predecir las tormentas y los terremotos, pero hay quien cree que incluso pueden percibir a los fantasmas…

Cuando un gato
ronronea,
la poesía se
escucha en
el viento.

PABLO NERUDA

Aunque parezca increíble, un ronroneo gatuno con una **frecuencia de entre 20 y 50 Hz** tiene la capacidad de reducir el dolor y acelerar la curación de los tejidos. Tu gato es tu **médico** del cuerpo y del alma.

Los perros vienen cuando se les llama;

!!!

MARÍA BLY

los gatos reciben el mensaje y te atienden después.

El único misterio sobre el gato es saber por qué ha decidido ser un animal doméstico.

Compton Mackenzie

He vivido con varios maestros Zen, todos ellos gatos.

JAMES HERRIOT

El gato es un experto en **silencio y tranquilidad.** Vive con una **paz interior** muy próxima al estado de meditación zen. Intenta contagiarte de su serenidad.

La humanidad se divide en dos grupos: los **amantes de los gatos** y los **desfavorecidos** por la vida.

FRANCESCO PETRARCA

Si los gatos pudieran hablar, **no lo harían.**

Nan Porter

El gatito es el cachorro más **adorable** del mundo animal porque nos recuerda a los bebés humanos: tiene unos ojos enormes en una cabecita muy pequeña. **¡Es un animalito kawaii!**

Un gatito es, en el mundo animal, lo que es un capullo de rosa en el jardín.

ROBERT SOWTHEY

Dios hizo el gato para ofrecer al hombre el placer de **acariciar** un tigre.

VÍCTOR HUGO

Los gatos nunca han sido domesticados del todo, mantienen su **corazón salvaje** y actúan por **instinto.** Si tiene rayas recuerda a un tigre; si es negro, a una pantera… Él siempre estará al acecho al caer la noche, aunque tú te esfuerces en cepillarlo.

Un gato te permite dormir en la cama. En el borde.

ANÓNIMO

Hemos quedado en que el gato es el rey de la comodidad y un **animal territorial,** así que deberías estar más que satisfecho si te deja una esquinita donde acurrucarte a su lado cada noche.

Como todo dueño de un gato sabe, nadie es dueño de un gato.

ELLEN PERRY BERKELEY

En el origen de los tiempos el gato propuso una **relación de beneficio mutuo** con los humanos. Él evitaría las plagas de roedores y nosotros le daríamos de comer, le acariciaríamos y jugaríamos con él a cualquier hora del día o de la noche, le dejaríamos nuestra cama y **le adoraríamos por siempre.**

Muchas veces tu michi parece estar **absorto,** como si meditase sesudamente con la mirada perdida en otro mundo… **¿Filósofo?** Bueno, probablemente le aburres un poco.

Mi gato nunca se ríe o se lamenta, siempre está **razonando**.

MIGUEL DE UNAMUNO

El gato es **inquietante,**
no es de este mundo.
Tiene el enorme prestigio
de haber sido ya Dios.

FEDERICO GARCÍA LORCA

Ojalá aprendiéramos a llevarnos tan bien **como perros y gatos.** Cuando los vemos juntos no nos queda más remedio que amarlos. Y si no es así, tienes que hacértelo mirar.

ABRAHAM LINCOLN

Me importan muy poco las ideas religiosas de alguien cuyos perro y gato no son lo mejor para él.

Los gatos **lo tienen todo;** admiración, sueño interminable y compañía solo cuando lo desean.

Rod McKuen

Imagina que tienes cuatro patas y un pelaje sedoso, que no madrugas y duermes hasta el mediodía, que un amable ser de dos patas te sirve diligentemente la comida y te da un masaje solo cuando te apetece. **¡La vida del gato es la vida mejor!**

Errar es humano.
Ronronear es felino.

Ese amigo entenderá que tu peludo es parte de tu **familia** y lo atenderá con el mismo **cariño** que te brinda a ti. Porque los amigos de mis amigos son mis amigos.

¿Cómo saber si alguien es un verdadero amigo? Ese amigo **cuidará a tu gato** cuando te hayas ido.

WILLIAM S. BURROUGHS

¿Qué raza elegir?

Piensa en un peludo que se adapte a tu estilo de vida. Fíjate en el tamaño y el carácter, porque preciosos son todos.

Soy un **abisinio**

- Peso 4-7 kg.
- Tengo pelo corto, aunque más largo en flancos, patas y cabeza.
- Soy de pelo atigrado.
- Vivo unos 11 años.
- Soy muy activo, juguetón y cariñoso.

¡Me gusta el agua!

¡Me dan miedo los niños!

Soy un american longhair

- Peso 3-7 kg.
- Tengo subcapa de pelo escasa y pelo exterior semilargo y liso.
- Soy de todos los colores y patrones, excepto el colorpoint.
- Vivo unos 14 años.
- Soy inteligente, cariñoso, curioso y adaptable.

Soy un american shorthair

¡Fuerte como un atleta!

- Peso 5-9 kg.
- Tengo pelo corto, áspero, grueso y denso.
- Soy de cualquier color sólido, tabby, bicolor o tricolor.
- Vivo unos 18 años.
- Soy un gran cazador, independiente, pero cariñoso y fiel.

Soy un angora turco

¡Muy extrovertido!

- Peso 2,5-5 kg.
- Tengo pelo semilargo, fino y sedoso.
- Soy de todos los colores, excepto el chocolate, lila, canela, fawn y Burnés.
- Vivo unos 16 años.
- Soy independiente, cariñoso, juguetón y amante del orden.

Soy un azul ruso

¡Ojazos verde esmeralda!

- Peso 4,5-6 kg.
- Tengo capa interior de lanilla y exterior con pelo fino, brillante y suave.
- Soy de color azul con tonos plateados, acerado.
- Vivo unos 13 años.
- Soy tímido, inteligente, ordenado, cariñoso y muy limpio.

¡Leopardo en miniatura!

Soy un bengalí

- Peso 4-8 kg.
- Tengo el pelo corto y muy brillante.
- Soy de pelaje estampado atigrado en distintas tonalidades.
- Vivo unos 13 años.
- Soy muy activo, juguetón y sociable.

Soy un bobtail japonés

¡El favorito de la familia imperial japonesa!

- Peso 2,5-4 kg.
- Tengo pelo corto o semilargo, suave y sedoso.
- Soy de todos los colores y patrones, excepto chocolate y lila.
- Vivo unos 12 años.
- Soy fuerte, sociable con las personas, equilibrado y adaptable.

¡No doy mala suerte!

- Peso 4-5 kg.
- Tengo el pelo denso, corto, liso y brillante.
- Soy de color negro azabache.
- Vivo unos 13 años.
- Soy inteligente, sociable y cariñoso.

Soy un **bombay**

Soy un **bosque de Noruega**

- Peso 3-9 kg.
- Tengo subcapa de lanilla y pelo exterior medio-largo.
- Soy de todos los colores y patrones, excepto el lila, chocolate, colorpoint y canela.
- Vivo unos 15 años.
- Soy inteligente y cariñoso, activo en el exterior y tranquilo en el interior.

¡Grandote, pero muy tierno!

Soy un brazilian shorthair

¡Aprendo deprisa!

- Peso 3,5-5 kg.
- Tengo el pelo corto, sedoso y brillante.
- Soy de todos los colores y patrones.
- Vivo unos 13 años.
- Soy de carácter variable, pero cariñoso.

Soy un british shorthair

- Peso 4-8 kg.
- Tengo submanto abundante y capa externa corta y muy densa.
- Soy de todos los colores.
- Vivo unos 13 años.
- Soy independiente, equilibrado y sociable.

¡Como un osito de peluche!

- Peso 4-7 kg.
- Tengo pelo corto, denso, brillante, muy fino y pegado al cuerpo.
- Soy de color marrón, azul, chocolate, lila, rojo, crema y tortuga.
- Vivo unos 14 años.
- Soy cariñoso, inteligente y adaptable.

Soy un burmese

¡A mí me gustan los niños!

Soy un chartreux

¡El gato cartujo!

- Peso 4-7,5 kg.
- Tengo capa interna de lanilla y externa corta, densa, brillante y sedosa.
- Soy de color azul en varias tonalidades.
- Vivo unos 12 años.
- Soy independiente, poco activo, reservado y cariñoso.

- Peso 2,5-4,5 kg.
- Tengo pelo corto formando ondas.
- Soy de todos los colores y patrones.
- Vivo unos 14 años.
- Soy inteligente, curioso y cariñoso.

Pelo
¡onduladoooo!

Soy un
cornish rex

Soy un devon rex

- Peso 2,5-4,5 kg.
- Tengo capa interior de lanilla ligera y exterior rizada.
- Soy de todos los colores y patrones.
- Vivo unos 13 años.
- Soy muy cariñoso y dependiente, odio la soledad.

Soy un don sphynx

¡Un calvo adorable!

- Peso 2,5-5 kg.
- No tengo manto, solo una ligera pelusilla.
- Soy de todos los colores.
- Vivo unos 12 años.
- Soy inteligente, equilibrado, muy activo, dócil, afectuoso y adaptable.

103

- Peso 3,5-6 kg.
- Tengo subcapa de lanilla y capa exterior corta, fina y sedosa.
- Soy de todos los colores y patrones, excepto el chocolate, lila y colorpoint.
- Vivo unos 15 años.
- Soy independiente, curioso, receloso y amistoso con los conocidos.

¡Muy familiar!

Soy un europeo

Soy un exótico

- Peso 3,5-7 kg.
- Tengo pelo corto muy denso y suave.
- Soy de los mismos colores y patrones que el persa.
- Vivo unos 16 años.
- Soy tranquilo, equilibrado, juguetón y amistoso.

¡Nariz muy chata!

¡Un buen amigo!

- Peso 3,5-7 kg.
- Tengo subcapa de pelo lanosa y pelo exterior largo y suave.
- Soy colorpoint, con cara, orejas, cola y patas coloreadas.
- Vivo unos 14 años.
- Soy equilibrado, amable y cariñoso.

Soy un himalayo

- Peso 4-6 kg.
- Tengo una subcapa fina y capa exterior corta, densa, fina y sedosa.
- Soy de todos los colores y patrones, excepto el chocolate, lila, canela, colorpoint y fawn.
- Vivo unos 15 años.
- Soy inteligente, cariñoso, sensible y muy activo.

¡Mi rabito es un pompón!

Soy un kurilian bobtail

¡Mullido como un cojín!

Soy un LaPerm

- Peso 3,5-5,5 kg.
- Puedo ser de pelo corto o semilargo. El pelo se me riza en algunas zonas, igual que los bigotes y las cejas.
- Soy de todos los colores y patrones
- Vivo unos 14 años.
- Soy activo, juguetón y necesito mucha compañía.

- Peso 4-9 kg.
- Tengo capa interior y exterior de media a larga.
- Soy de todos los colores y patrones, excepto el canela y el cervato.
- Vivo unos 15 años.
- Soy muy activo, dócil, inteligente, curioso y cariñoso.

¡Muy gentil!

Soy un Maine coon

Soy un mau egipcio

¡Siempre vigilante!

- Peso 2,5-4 kg.
- Tengo pelo corto, denso, brillante y suave.
- Soy de color variado, pero sobre todo tabby.
- Vivo unos 12 años.
- Soy independiente, desconfiado, cariñoso y buen cazador.

- Peso 2-4 kg.
- Tengo las patas muy cortas.
- Soy de todos los colores y patrones.
- Vivo unos 13 años.
- Soy muy activo y curioso.

¡Gato salchicha!

Soy un munchkin

Soy un ocicat

- Peso 5-7 kg.
- Tengo el pelo corto, brillante y denso.
- Soy siempre moteado o punteado.
- Vivo unos 18 años.
- Soy equilibrado, obediente, inteligente y muy cariñoso.

¡Buen escapista!

- Peso 2,5-4 kg.
- Tengo pelo muy corto y fino.
- Soy de todos los colores y patrones, excepto el colorpoint.
- Vivo unos 16 años.
- Soy muy activo, maullador, vocalizador y dependiente.

Soy un oriental

¡Soy todo orejas!

- Peso 3,5-7 kg.
- Tengo subcapa de pelo lanosa y pelo exterior largo, fino y sedoso.
- Soy de todos los colores y patrones, excepto el colorpoint.
- Vivo unos 14 años.
- Soy «un tigre de sofá», muy tranquilo y dormilón.

Soy un persa

¡Silencioso y discreto!

- Peso 3-5 kg.
- Tengo un manto variable, puedo ser calvo, flor (aterciopelado) o brush con una longitud de 5 cm.
- Soy de todos los colores y combinaciones.
- Vivo unos 14 años.
- Soy muy activo, cariñoso y juguetón.

Soy un peterbald

¡No me gusta estar solo!

- Peso 3-7 kg.
- Tengo subcapa de pelo escasa y pelo exterior semilargo y liso.
- Soy de todos los colores y patrones, excepto el colorpoint.
- Vivo unos 12 años.
- Soy extremadamente cariñoso y muy dócil.

Soy un ragamuffin

¡El más bonachón!

Soy un ragdoll

¡Te seguiré a todas partes!

- Peso 5-10 kg.
- Tengo pelo largo o semilargo (más largo en el cuello y el pecho), sedoso y suave.
- Puedo ser de tres patrones: colorpoint, bicolor o mitted y los colores son seal, azul, chocolate, rojo, lila y crema.
- Vivo unos 13 años.
- Soy tranquilo, equilibrado y muy cariñoso.

Soy un sagrado de Birmania

- Peso 3-6 kg.
- Tengo pelo largo o semilargo, más denso en la parte inferior y sedoso en la superior.
- Soy de patrón siamés, pero siempre con guantes blancos en los pies.
- Vivo unos 13 años.
- Soy tranquilo, cariñoso, inteligente y muy adaptable.

¡Muy manso!

¡Cruzado con
un serval!

Soy un savannah

- Peso 13-15 kg.
- Tengo pelo corto o de longitud media y áspero.
- Soy de colores como el black spotted, tabby, black spotted silver tabby, black smoke o negro humo.
- Vivo unos 15 años.
- Soy muy activo, juguetón, cariñoso, gran saltador y experto escapista.

- Peso 3-7 kg.
- Tengo subcapa interior y exterior frondosa, muy suave y afelpada.
- Soy de todos los colores y patrones, incluido el colorpoint.
- Vivo unos 13 años.
- Soy inteligente, hogareño, dócil y curioso.

¡Con orejas dobladas!

Soy un scottish fold

- Peso 4-9 kg.
- Tengo capa interior de lanilla y exterior densa, esponjosa y rizada.
- Soy de todos los colores y patrones, incluidos los point.
- Vivo unos 15 años.
- Soy muy activo, cariñoso y paciente.

¡Con rizos!

Soy un selkirk rex

Soy un siamés

¡El más elegante!

- Peso 2,5-5 kg.
- Tengo capa interior de ligera lanilla y exterior de pelo corto, fino, brillante, denso y pegado al cuerpo.
- Soy de un patrón exclusivo: con puntos oscuros en cara, orejas, cola y extremidades y el resto, claro.
- Vivo unos 15 años.
- Soy inteligente, observador, muy activo y juguetón.

- Peso 3,5-10 kg.
- Tengo una capa de subpelo abundante y una capa externa de longitud media.
- Soy de todos los colores, excepto el chocolate, cinamomo y sus diluciones y el factor burnés.
- Vivo unos 13 años.
- Soy cariñoso, juguetón e inteligente.

Soy un siberiano

**¡Un parlanchín!
Miauuuu, miauuuu**

Soy un singapura

¡El más pequeño!

- Peso 2,5-3,5 kg.
- Tengo pelo muy fino y corto.
- Soy color marrón rojizo en distintos tonos y con manchas blancas.
- Vivo unos 14 años.
- Soy inteligente, curioso y amable.

¡Me encanta jugar!

Soy un somalí

- Peso 3,5-5 kg.
- Tengo pelo semilargo en el cuerpo, más corto en la cabeza y más largo en la cola.
- Puedo ser de dos patrones: ruddy (salvaje) y red sorrel (rojo).
- Vivo unos 12 años.
- Soy tímido, inteligente, desconfiado y cariñoso.

Soy un **sphynx**

- Peso 3,5-7 kg.
- No tengo capa, solo una fina pelusilla.
- Soy de cualquier color y patrón.
- Vivo unos 12 años.
- Soy inteligente, sumamente cariñoso y apegado.

Soy un **tonkinés**

- Peso 2,5-3,5 kg.
- Tengo pelo corto y brillante.
- Puedo ser de tres patrones: sepia, visón y point.
- Vivo unos 12 años.
- Soy muy activo, curioso y cariñoso.

¡Muy sociable!

- Peso 4-8 kg.
- Tengo capa interior de lanilla y exterior semilarga o larga, con pelo suave y sedoso.
- Soy de color blanco con dibujo van en cabeza y cola.
- Vivo unos 13 años.
- Soy inteligente, cariñoso, activo y con un gran temperamento.

¡El más obediente!

Soy un van turco

FSC® C214426
MIXTO
Papel | Apoyando la
silvicultura responsable
FSC
www.fsc.org

© 2026, Editorial LIBSA
C/ Puerto de Navacerrada, 88
28935 Móstoles. Madrid
Tel. (34) 91 657 25 80
e-mail: libsa@libsa.es
www.libsa.es

ISBN: 978-84-662-4528-9
Textos y edición: María Mañeru
Ilustración: Shutterstock y Gettyimages /
Archivo Libsa
Maquetación: Violeta Sirera Blanco
Cubierta: Lucía Fernández Díez

DL: M-18011-2025